# 윤달 화첩

이 상 구 시조집

도서출판 도훈

시인의 말


어느 날 첫사랑처럼

시조가 왔다

나는 다시 청춘이다

## 차 례

**01 불면의 서책**

  소쇄원 … 9 / 봄, 우포 … 10
  시경詩境을 읽다 … 11 / 월하독작 … 12
  여름 별사別辭 … 13 / 쉰, … 14
  불면의, 서책 … 15 / 달맞이꽃 보법 … 16
  농월정 자서전 … 17 / 10월 … 18
  겨울 무흘구곡 … 20 / 월곡리 세한도 … 21

**02 매화 사설**

  윤달 화첩 … 25 / 고산자에게 쓰는 편지 … 26
  5일장 평설 … 28 / 가을, 다시 읽다 … 29
  정선 … 30 / 에필로그 … 32
  여름 장바우 … 33 / 문장을 음각하다 … 34
  달의실 염천 … 36 / 풍경을 배접하다 … 37
  매화 사설 … 38 / 월곡리 청보리 … 39

## 03 바람의 문장

구천동 … 42 / 고흐의 복사꽃 … 44

봄, 두 편 … 45 / 바람의 문장 … 46

사거리 신호등 … 47 / 가을 황악산 … 48

넝쿨의 하루 … 50 / 은행나무 낮달 … 51

감포 가는 길 … 52 / 픽업에 대한 명상 … 53

겨울 낙단보 … 54 / 읽다, 폭설 … 55

## 04 홀아비바람꽃

두 편, 겨울 … 58 / 홀아비바람꽃 … 60

억새꽃 무숙이 타령 … 62 / 붉은, 생 … 63

강변 소나타 … 64 / 붉은 묘비명 … 65

하지 … 66 / 내 사랑 DMZ … 68

백로 … 70 / 무흘구곡 선바위 … 71

4월 … 72 / 괘방령 조팝꽃 … 73

## 05 역마살 필사본

신, 삼국시대 … 77 / 봄 편지 … 78

이순 … 80 / 별꽃 게스트하우스 … 81

다부동 일기 … 82 / 팔월 … 83

늑대거미 드난살이 … 84 / 찔레꽃 … 86

역마살 필사본 … 87 / 겨울 팔공산 … 88

용접사 일기 … 89 / 대설주의보 … 90

## 06 구름의 회고록

바람의 오르가슴 … 93 / 통영 … 94

무주에서 … 95 / 폐사지 … 96

수원화성 … 98 / 낮달을 읽다 … 99

입추 … 100 / 무진撫鎭을 꿈꾸며 … 102

가을 레시피 … 103 / 엄나무 소통법 … 104

21C, 주상절리 … 106 / 구름의 회고록 … 107

**해설** _김천지역 사계절의 아름다움을 노래하다 … 110
    이 승 하 (시인, 중앙대 교수)

1부

불면의 서책

흙 속에 묻혀 있는 서러움을 떠올려
마지막 고백인 듯이 꽃대 밀어 올리는

## 소쇄원

얼마나 갈고 닦은
푸른 세상 문장인가

초서체로 읽어낸
흰 구름 길을 안고

골짜기 맑은 숨으로
한 편 시를 쓰는

## 봄, 우포

에굽은 바람의 길 나이테로 감추었나

속병 난 내 몸에도 그예 봄은 찾아와

자운영 뒤쪽에 앉아 가려운 등 긁는다

왕버들 늘어지게 둘러앉은 물가에서

실바람 끝을 물고 술렁이는 나절가웃

넓은 품 그늘막처럼 사람들 반짝인다

햇살이 풀어놓은 물빛 한참 바라보며

뻐꾹새 한 마리 길 밖으로 날려 보내

하늘의 속살을 물고 풋잠 속에 빠진다

## 시경詩境을 읽다


오늘 또 꿈틀대는 방랑벽 짙어지고
봄 오는 남해대교 좌표로 설정한 채
불현듯 보고 싶었다
비파나무 춤사위

해풍에 나풀대는 시금치밭 그 너머로
쾌속선 포말처럼 갈매기의 군무처럼
무작정 내달리고 싶은
욕망을 짓누른다

바다가 펼쳐놓은 햇살들의 화폭 속에
흘러가는 흰 구름 세필로 그려넣고
지겟길 다랭이 마을
새파랗게 붙안은

## 월하독작

뜬구름 발걸음을
바라보는 눈길이여

지상이 환하도록
망초 망초 피워놓고

누굴 또 후리려 하나,
달빛 속에 앉아서

## 여름 별사別辭

또 하루 뭉실하게 떠오른 꽃대처럼
거친 내 숨소리를 숭어리에 숨겨놓고
흘러온 구름의 시간
평상 위에 펼친다

말라버린 상처를 지문으로 매만지며
퇴고한 지난날을 다시 한번 살핀 뒤
요란한 새들의 질문
침묵으로 답한다

어질한 생각들이 나비처럼 날아가면
한세상 쓰다듬어 평평해진 마당귀에
오래된 돌확 하나를
달처럼 앉혀놓고

# 쉰,
—욕망을 채록하다


팔월 땡볕 속에서
무성해진 호박 넝쿨

먼 하늘 더듬는다
전봇대 끌어안고

만 볼트
오르가슴에
감전이 되고 싶어

## 불면의, 서책

저항하기 위해서 풀은 저리 웃자랐나
뿌리째 뽑혀지는 절박한 순간에도
숨겨둔 짙푸른 함성
사방에다 흩뿌려

수정되지 않은 밤 온몸에 저장한 채
묵정밭 갈아엎을 밝은 날을 꿈꾸면서
가난한 들판에 앉아
길 하나를 새긴다

물려받은 꿈 없어 곱씹은 생이지만
흙 속에 묻혀 있는 서러움을 떠올려
마지막 고백인 듯이
꽃대 밀어 올리는

# 달맞이꽃 보법

누런 강 허리춤을 감아올린 저 보름달

장마가 남겨놓은 웅덩이를 훤히 비춰

긴 방천 따라가면서 젖은 세상 귀 밝혀

풀 속에 감추어둔 그림자를 끄집어내

얼룩진 살림살이 다시 닦는 풀벌레들

늦도록 수런거리다 허공 훌훌 건너네

가냘픈 아랫도리 한 움큼 또 뜯어먹고

허기진 여름밤을 달빛으로 말아 올려

없는 듯 솟구쳐 올라 고요하게 흐르는

# 농월정 자서전

하늘을 닮으려고 살아왔을 뿐인데
물에 비친 낮달 그 누가 희롱했나
딱 맞는 이름표 하나 처마에다 내걸고

아무런 기별 없이 찾아온 가을날에
복사뼈 다 드러낸 농익은 생각들
풀벌레 술렁임처럼 느낌표를 찍는다

초서체로 써놓은 유장한 칠언절구에
음각한 그리움을 다시 읽은 한나절
바위는 가부좌 틀고 시인 흉내를 낸다

지그시 바라보는 이끼 앉은 고목들
네 역할 다했냐고 따지듯 물어볼 때
당단풍 뒤를 돌아서 물소리 하산한다

# 10월

먹구름 움켜잡고
한 단씩 탑을 쌓듯

안개가 자욱하게
스미듯이 흘러온 날

사람들 야윈 이승을
무엇으로 닦을까

그 누구 아린 몸이
저토록 질퍽한가

작아서 아름다운
풀꽃들의 모습처럼

조용히 뒤돌아 앉아
빗소리를 새기는

# 겨울 무흘구곡


하루치 시린 일감 돈내기로 해치워서
정월 초승 한기를 한 점씩 되삼켰나
와룡암 어깻죽지에
내려앉은 흰 구름

읽고 외운 서책들 첩첩하게 쌓아놓고
해독하지 못한 밤 암송하는 물소리에
몸 붉은 소나무들이
둥글게 길을 만다

너럭바위 한켠에 드러누운 그림자들
속세 떠난 선비가 새겨놓은 꿈결처럼
무량한 노을의 앞섶
은은히 매만지는

# 월곡리 세한도

어둠의 숨소리를 껍질마다 쟁여 놓고

또 하루 까치발로 기웃대는 세상 풍파

불어온 바람의 질문 솔 향기로 답한다

읽다가 덮은 시집 다시금 짚어 가며

퇴고 못한 내 인생 행간 속에 들앉혀

떠오른 물음표들을 온몸으로 감싼다

해장술에 취해버린 빈속을 다독거려

들떠오른 생각들 깊이 읽은 하늘처럼

뼈 시린 바람의 보폭 새김질하는 남자

2부

매화 사설

지그재그 걸어와 눈을 닦은 시간에
어두운 세상을 지워 헛기침을 토하는

# 윤달 화첩

다랭이논 쟁기질로
거품 물던 황소처럼

고단했던 과거가
땀을 훔친 풍경처럼

아버지 굽은 등짝에
내려앉은 노을, 꽃

# 고산자*에게 쓰는 편지

1. 자명紫明처럼

 바람재 넘기 전에 국화차를 마신 뒤

 눈 내린 산속에서 그대를 떠올립니다

 몸으로 필사한 그 지도

 다시 읽은 저녁에

2. 설경雪景처럼

　시린 저 바람 소리 무엇으로 품었나요?

　온종일 서성이다 하산한 산행길을

　세상에 흘려보냅니다,

　나도 따라 흐릅니다




* 김정호의 호.

# 5일장 평설

양손에 가득 들고 머리까지 이고 온 삶
바랑엔 또 무엇을 그리 잔뜩 담아와
북새통 시장 귀퉁이에
하나둘 풀어놓나

굽은 뼈 마디마디 불거진 서러움도
천 원짜리 몇 장에 할머니 화사해지고
강마른 골목골목이
웃음으로 빛난다

생의 이력 견인한 각설이 장단인 양
분주한 사람들의 양어깨를 매만져
햇살도 아주 흥겨운 듯
만 마리 새가 된다

# 가을, 다시 읽다

9월이면 바람도 사춘기 오나 보다
살랑대는 구절초 햇살로 분칠할 때
억새도 싱긋 웃으며 제 생각을 드러내

참새떼 먼저 알고 찾아온 들녘에서
땀 훔치다 등 굽은 아버지 과거처럼
잘 익은 벼 이삭의 오후 논바닥에 잠기고

세상사 아귀다툼 물소리로 닦아낸 뒤
노을 한 짐 껴안고 귀가하는 저녁에
그 무슨 미련이 남아 길이길을 삼키는

# 정선

황소 그 워낭소리 이랑이랑 심어놓은
민둥산 자드락을 물고 있는 소나무

화강암 너럭바위에
묵시록 쓰고 있다

흘러온 뭉게구름 머물다 간 골짝마다
젖은 몸 흔들어서 무성해진 억새들

적막한 변방의 하늘
푸르게 비질하고

풀꽃 속에 집 지어 물소리로 귀 씻은
아우라지 저녁이 두근두근 찾아오면

바람이 지운 그리움

보름달 떠올린다

## 에필로그
—말복


푸른 바다 해안선
뭉게뭉게 잡아당겨

섬으로 흩어진 꿈
읽고 지운 그 사이

굽은 등 펴지 못하고
노을이 된 어머니

# 여름 장바우

빗소리 음표들의 높고 낮은 장단 속에

산허리 껴안으며 는개가 서성거린다

내 불면 스케치하듯, 지난날 운필하듯

젖은 머리 털어내는 강바람 몸짓 따라

맹꽁이 옹알이가 음 고른 시간을 안고

어머니 은비녀 같은 감자꽃 피어났다

고여서 범람하는 사람들 욕망 끝에서

지난날 헛꿈들이 눈을 뜬 오후 2시

천둥과 번개를 안고 속병 모두 지운다

# 문장을 음각하다

성 밖 숲 나무마다 뭉게구름 걸어 놓고
어두워진 세상을 방관만 할 수 없어

묵정밭 저 개망초꽃들
모두 갈아엎고 싶다

되돌릴 수 없는 길 마침표로 수습해
상처를 삼킨 하늘 밑동에 깊이 새긴

우람한 노거수 그늘에서
바람 소리 읽는다

바다로 흘러가는 물의 길 바라보다
끝도 없이 뒤척인 지난날 불러 모아

버려야 몸 가벼워진다는
그 말 다시 떠올려

# 달의실* 염천

당산목 굽은 등에 숨어 사는 달처럼
문드러진 가슴팍 부드럽게 매만져도
한 남자 땡볕에 감겨
서편제로 흐르고

거북이 등짝 같은 논바닥 앞에 앉아
날마다 비 소식을 목 놓아 기다리던
과로한 양수기 한 대
연신 한숨 토하고

풋잠 든 사람들이 푸석하게 일어나
내 잘못 아니라며 하늘을 원망할 때
날아온 하루살이 떼
악몽처럼 떠돌고

* 마을 이름

# 풍경을 배접하다

아침이면 푸르게 알람처럼 재잘거리는
처마에 한 채 집을 무허가로 지은 새
어떻게 세상 살려고 많은 알 낳았을까

바람의 얕은 셈법 알면서도 모르는 척
봄부터 겨울까지 아침부터 저녁까지
날마다 부지런 떨어도 번지를 갖지 못해

믿을 수 있는 것은 저 하늘밖에 없다며
날개를 반짝거려 푸르게 날아오르지만
새집은 아주 작은 성, 언제 헐릴 줄 몰라

부활을 기다리는 목자의 모습처럼
밤엔 또 깃털 속에 울음소리 묻어놓고
이슬에 젖은 마음을 달빛으로 겹 바른다

# 매화 사설

주체 못 할 그리움 앙가슴에 숨긴 채

춘삼월 햇살처럼 담장 밖을 기웃거린

터질 듯 망울진 여자 귓밥을 매만진다

묵정밭 쑥부쟁이 덩달아 촉 티울 때

할 테면 해보자고 기싸움하는 건지

바람은 아랑곳없이 눈보라 불러온다

오는 봄 그러안은 둘레길 풍경처럼

지그재그 걸어와 눈을 닦은 시간에

어두운 세상을 지워 헛기침을 토하는

# 월곡리 청보리


흐릿하게 떠오르는 아내의 꿈결인 듯
세상의 높낮이를 가늠할 수 없는 날
서릿발 서슬에 감긴
한 생각을 지운다

숨죽인 나무처럼 가슴 깊이 움츠린 채
찬바람 그 소리로 수런수런 말 걸어온
골짜기 먹장 같은 밤
햇살에 소스라치고

숨찬 길의 행보에 쉼표를 찍어가며
비탈밭 시린 과거 온몸으로 삼켰는지
엉켰던 갈피를 풀어
한 편 시 습작한다

3부

바람의 문장

흐르는 여백의 시간
고딕체로 필사한

# 구천동

물길 거슬러 올라 마주한 4월 중순
제풀에 못 이겨서 시간 잘근 깨문 듯

비탈진 바위를 안고
철쭉 저리 은은해

산허리 돌아 나온 불면의 굽이에서
햇살을 어루만진 꿈자리 덜썩거린다

구름이 바람을 앞세워
서쪽으로 흐를 때

봄 활짝 풀어놓은 새들의 풍경처럼
골골이 돋아나는 지난 슬픈 기억에

굽이친 물소리 삼켜
다홍으로 몸 접은

# 고흐\*의 복사꽃

꿈인 양 뒤척였던 긴 밤을 몰래 접어
햇살 부둥켜안고 내가 날 만난 오후
날아온 참새 몇 마리가
울음을 탈고한다

아무리 바라봐도 안 보인 길이었지만
늙어버린 세월이 눈꺼풀 문지를 때
망울진 남쪽의 그리움
터질듯이 빛나고

따뜻해진 꽃들이 불러 모은 기운으로
주름 많은 세상을 닦고 다시 문질러
흐르는 강물의 눈빛
우듬지에 들앉힌

\* 화가 빈센트 반 고흐

## 봄, 두 편

먹구름 몰려와서 산자락에 돌탑 쌓듯 아득해진 안개가 스멀스멀 흘러오면 남자는 야윈 외로움 빗소리로 닦는다

그 누구의 슬픔이 저토록 질퍽한가? 작아도 아름다운 풀꽃들의 모습으로 조용히 뒤돌아 앉아 빗소리를 새긴다

## 바람의 문장

어둠 짙은 숨소리 그 껍질 모두 벗겨
다시 또 까치발로 기웃대는 풍경처럼
짙푸른 소나무 숲에서
꿈을 다시 붙안고

내 얼굴 지워버린 이승을 되짚어가며
비문이 된 문장들 구름으로 띄운 5월
톺아본 높은음의 세상
새파랗게 읽는다

텅 빈 몸 행간을 꼼꼼하게 들춘 하루
저녁이 내려앉은 포천계곡 앞섶 지나
흐르는 여백의 시간
고딕체로 필사한

## 사거리 신호등

불륜은 안 된다고
끝도 없이 되뇌었지만

건너서는 안 될 선
넘어버린 한여름 밤

바로 옆 횡단보도가
수컷처럼 울컥한다

# 가을 황악산

하늘을 상감한 듯 흰 구름 띄워 놓고
학익진 날개처럼 펼친 세월 붙안아

잘록한 허리선 따라
익어가는 풍경들

찬바람 풀무질에 깜짝 놀란 산기슭도
올 때가 왔노라며 가슴을 진정시켜

서둘러 물들어간다,
참옻나무 잎처럼

살찌운 풀무치가 하품하고 있는 사이
따뜻한 햇살들이 억새를 어루만지듯

몸살로 앓아누운 바위

부드럽게 달랜다

# 넝쿨의 하루

산비탈 움켜잡고 호박꽃 피어난 날
사람들 입방아에 끝없이 오르내려도
더듬이 긴 손 뻗어서 제 갈 길을 간다

혼자서는 품지 못할 어둠을 받아들인
뜨겁게 욱신대는 나절가웃 문지른
웃자란 나무와 함께 눈싸움도 하면서

꽃이 되지 못한 달 아련한 그리움처럼
팔월 땡볕 속에서 풀꽃들 바라보며
보란 듯 제 땅을 넓혀 아픔을 휘감는다

끝까지 가겠다고 누런 몸 가로 접어
애달팠던 한세상 파랗게 뛰어들어
손 없는 시간을 안고 하늘 속 기웃대는

## 은행나무 낮달


날마다 갈고 닦은 퇴고한 가슴을 감아

흩날리는 나뭇잎 한 장씩 물이 들면

흐릿한 그림자들이 수묵으로 점묘하는

# 감포 가는 길
—추령재에서


힘겨운 고갯길을 밟아 오른 가을같이
안길 듯 부드럽게 다가오는 지상의 꿈
사람들 가쁜 숨소리
바다로 흘러간다

등고선 능선마다 둘러놓은 구름 띠에
바람도 빗소리도 몰래 삼킨 들꽃인 양
뜸들인 그림자 한소끔
하늘 끝에 가 닿고

햇살의 마음으로 시를 쓰는 억새처럼
두근대는 앙가슴 매만진 중년 부부
굽은 길 부둥켜안아도
뒷모습이 빛난다

# 픽업*에 대한 명상


혹사당한 흔적을 철갑 속에 숨겨놓은
수명이 다한 엔진 칠흑을 닦아내면
연결한 동선 하나에 숨 급히 몰아쉰다

재활을 꿈꾼 사람 설레는 그 마음같이
노숙하는 그리움 뜨겁게 그러안고
허기져 갈앉은 과거 새롭게 떠올린다

사라진 옛날의 꿈 잊을 수가 없어서
녹슨 기억들을 다시 닦아 읽어보면
아득한 사랑 하나가 햇살로 반짝인다


* 1980년도에 생산된 자동차

## 겨울 낙단보

서슬 퍼런 한세월 비웃기나 하는 듯이

한 무리 청둥오리 강바닥 헤집을 때

갈대는 제 몸 흔들어 한기를 털어내고

북서풍 바람 삼켜 사선으로 달려와서

눈발이 이리저리 허공으로 흩어져도

수묵화 밑그림 같은 풍경 하나 눈 틔워

진물도 얼어붙은 아주 낯선 변방이지만

오후 1시 햇살들은 그나마 투명해서

구석진 시간의 나절 물소리로 흐른다

## 읽다, 폭설

바람의 아우성을
바람으로 다스린 채

시린 섣달 이 세상
부드럽게 그러안고

밤새워
어둠을 지웠다,
무림의 고수처럼

4부

홀아비바람꽃

또 한 번 꿈틀거리며
퇴고하는 먼, 길

# 두 편, 겨울

1. 황악산에서

거친 세상 숨소리 무엇으로 닦아내나 외로운 까치발로 눈 맞는 나무처럼 나는 또 겨울산에 올라 새를 날려 보낸다

어쩔 수 없는 마음 바위에 내려놓고 먹먹한 길의 행간 꼼꼼히 들춰보며 뼈 시린 이승의 하루 온몸으로 필사한다

2. 평화시장에서

　떨리는 목소리로 누가 나를 불렀나? 혼자 또 어둠 속을 밤하늘에 비춰본다 집으로 돌아가기 전에 왔던 길 더듬는다

　등 굽은 산 그림자 지문으로 훑어내린 굴뚝새 한 마리가 품었던 골목 안고 다시금 몽정을 하듯 내 안에 날 숨긴다

## 홀아비바람꽃

날선 그 욕망들 조붓하게 쟁여 담은
오래된 외로움이 숲속에서 꿈을 꾼다

고집 센 대장장이가
온몸을 두드리듯

견딜 만큼 견디며 바람 소리 들었는지
젖어서 얼룩 많은 내 삶의 행간 속에

짙푸른 소나무처럼
마침표 굵게 찍고

고단한 기억들이 급히 접은 마음처럼
아득해진 밤을 안고 소실점 떠올려서

또 한 번 꿈틀거리며
퇴고하는 먼, 길

## 억새꽃 무숙이 타령*

앙상한 바람의 길 혼자 또 급히 닦아
감나무 잔가지에 떠오른 보름달처럼
저승길 붙들어놓고 내 사랑 보듬는다

그림자 형상으로 흔들린 마음이지만
열두 마당 서러움 앞섶에 숨긴 채로
바스락 일어섰다가 더 낮게 눕는 밤

무언극 주연 같은 저 달을 바라보며
불면이 숨어 사는 첩첩한 온몸 펼쳐
지난날 헛웃음들도 꼼꼼히 읽어보고

세상에 서성이는 비문의 바람 소리에
봄날이 올 때까지 긴 어둠 되삼켜서
남몰래 아픈 마음을 둥글게 지워낸다

* 판소리 열두 마당의 하나.

## 붉은, 생

녹슨 상처 물고 있는
오래된 화물차여

흐릿한 앞유리에
노을 한 짐 띄워놓고

그 무슨 미련이 남아
그러안나, 이 저승

## 강변 소나타


샛노랗게 피어나 흔들리는 달맞이꽃
누구의 수묵화인가, 물안개 쏟아낸다

가슴에 얼굴을 파묻고
무슨 생각 했는지

밑밥질 눈속임에 갇혀버린 시간이지만
내 몸 낮게 펼쳐서 덧칠한 풍경처럼
고요한 호수의 윤슬에 마음을 내려놓고

바람이 스친 자리 에굽게 돌아가며
조용한 물소리로 앙가슴 어루만져

살아온 먹먹한 몸을
포근히 어루만진다

## 붉은 묘비명

정암진 나루에서 가쁜 숨 몰아쉬던
그날 그 아픈 기억 모두 다 잊었는가
초여름 남강의 물결
파랗게 일렁인다

뺏길 수 없던 전투 온몸으로 맞받아서
흘러온 뭉게구름 한 우산에 띄워 놓고
사무쳐 굽이친 풀잎에
마침표를 찍는다

능선으로 이어지는 고갯마루 길목에서
오래된 기억들이 품었던 구름처럼
오늘도 바람 거슬러 올라
허공 하나 지운다

# 하지

무성한 생각 속에
가난을 감춰놓고

들풀 푸른 한나절
잘게 씹는 땡볕처럼

강물은 흐르다 말고
모래톱에 잠긴다

자세히 살폈지만
다가갈 수 없는 유월

키 큰 나무 우듬지
훨훨 날아올라도

녹슬은 양수기 한 대
온종일 헐떡인다

# 내 사랑 DMZ

접근 금지 팻말을 커다랗게 세워둔 채
철책선 너머에서 무성해진 풀처럼

흐르는 저 바람과 구름
검문을 받지 않고

언젠간 꼭 한 번은 뜨겁게 부둥켜안을
멍텅구리 우리 사랑 자꾸만 아득해져

나는 또 좌절을 한다,
두 눈 질끈 감는다

만나야 할 사람 오늘 꼭 만날 듯이
무성하게 피어나 따뜻하게 웃는 풀꽃

안 보인 세상 하나가

내 품 깊이 안긴다

# 백로

비탈밭 거친 세상 엮어놓은 그늘처럼

가는 여름 끝자락 물고 있는 햇살처럼

웃다가 혼자 울다가

산 넘어가는 꽃

## 무흘구곡 선바위

지난밤 눈발들을 지그시 밟고 서서

적막했던 복수초 꽃망울 부풀린다

산자락 양지의 하루 어깨에 올려놓고

등 굽은 소나무에 내려앉은 뭉게구름

바람이 핥은 세월 쓸쓸함을 지우고

골짜기 앞에 앉아서 물소리를 새긴다

하늘 땅 경계 같은 깎아지른 절벽에

뜨겁게 읽은 해를 와불로 심어 놓고

얼부푼 변방의 세상 눈감고 감아올린

# 4월

산골짜기 외딴집 마당귀 잘근 물고
텃새들 날아와서 아침부터 조잘댄다
통째로 전세를 낸 듯
햇살 가득 풀어놓고

하늘을 품고 있는 몽유도원 풍경처럼
적막이 솟구쳐서 허공을 채색할 때
그 누가 쏟아 놓았나,
조팝꽃이 한창이다

새소리 따라가던 그림자 속을 훔쳐
눈시울 안 아프게 내 모습 떠오르면
바람도 정분이 나서
딸꾹질을 해대는

## 괘방령 조팝꽃

바람이 살고 있는
흰 구름 몸에 감고

오랫동안 숨어서
훔쳐본 그대의 꿈

햇살이
쏟아져 내려
바글댄다, 한없이

# 5부
# 역마살 필사본

선문답 화두를 안고

붉어지는 흰 구름

# 신, 삼국시대

나름의 쓰임새로 총애받던 옛 물건들

굽다리 항아리와 나비장 반닫이처럼

현대판 삼국시대가 고즈넉이 앉아 있다

팔도의 장꾼들이 풀어내는 말을 닮아

몇 잔의 막걸리로 불콰해진 얼굴처럼

놓여진 손풍금 위에 첫사랑 떠오르고

옆자리 LP판과 두어 박스 놋그릇들

흘러온 뭉게구름 차곡차곡 모두 쟁여

복사꽃 타는 노을로 귀가하는 남자들

# 봄 편지
—직지사에서

슬멋슬멋 눈치 보며
바람이 불어왔지만

사람들 나들이가
익어가는 봄의 한낮

라일락 향기를 품고
절은 자꾸 깊어져

햇살 가득 붙안아
빛나는 대웅전처럼

푸릇한 나절가웃
하늘 속에 잠길 때

손녀딸 옹알이 같은

꽃잎 자꾸 돋아나

# 이순

발효된 시간들이
두 눈 뜬 5월 초순

문필봉 하얀 낮달
물 위에 띄워 놓고

염장된 바람의 풍경
바탕체로 되읽는

# 별꽃 게스트하우스

비탈에서 살지만 마음은 편안하다고

그대 곁에 있으면 그것으로 행복해

오늘도 반짝거리며 하르르 웃고 있다

허가받지 않아도 간섭하는 이 없어

이승의 악몽까지 다 품어 줄 것처럼

별들의 야외 숙소가 달빛 겹 바른다

# 다부동 일기

총부리 서로 겨눈 슬픈 기억 곱씹었나
육탈된 살과 뼈를 먹고 자란 풀꽃들
뜨거운 하루를 안고
이정표를 읽는다

지워진 흔적들이 하나씩 떠오른 날
검문 없는 산바람 골짜기 휘감아 돌아
환하게 피어난 세상
낙동강을 감싼다

주인 잃은 군번줄 녹슨 이름 생각하며
학도병 형상으로 서 있는 푸른 나무
노을이 흘러가야 할 곳
선명하게 일러준다

## 팔월

산비탈에 자리잡은 귀촌한 젊은 부부

서투른 농사일에 허리춤 구겨진 날

예닐곱 늙은 집들은

그늘을 서각한다

짙푸른 가지 위로 날아온 새를 따라

해맑은 물소리에 선승처럼 눈을 뜨면

잘 익은 복숭아 위에

노을 내려앉는다

# 늑대거미 드난살이

누구의 건축술이 저리도 흔들거릴까
수시로 철거되는 서글픈 세상에서

숨 돌릴 시간도 없이
바람집 또 짓는다

노숙의 지친 밤에 쏟아낸 눈물인지
이슬 같은 그리움 공중에 띄워 놓고

가난한 하루살이 떼
울음 몰래 삼킨다

허공으로 떠도는 어지러운 삶이지만
무허가 그물망을 촘촘히 다시 엮어

오늘도 부지런 떤다,
아침을 풀어낸다

# 찔레꽃

발목 없이 흘러온 한줄기의 바람 같은

달빛 속에 숨어든 울 엄마 한숨 같은

소쩍새 까무러친 밤

새하얗게 지우는

## 역마살 필사본


휘도는 길을 안고 살아가는 땡볕으로
아득한 이승에서 슬픔 곰곰 헤아렸나
부르튼 내 발바닥에
쓰린 물집 부푼다

몸속에 숨긴 상처 뿌리까지 드러낸 채
찌든 때 땀 냄새를 말갛게 씻는 동안
불어온 골짝 바람은
아주 길게 흐르고

경계도 지운 풀꽃 나제통문 세상 지나
천 년을 기다린 듯 우거진 산 위에서
선문답 화두를 안고
붉어지는 흰 구름

# 겨울 팔공산

하루치의 일감을 뉘엿뉘엿 해치우고

정월 초승 햇살들 조붓이 쏟아낸 뒤

갓바위 어깻죽지를 내려 앉힌 소나무

읽고 또 풀어낸 밤 가슴에 쌓아둔 채

해독 못한 이 세상 혼자서 암송하듯

가녀린 풀잎의 시간 보름달로 띄운다

적막했던 옛날을 명조체로 새겨놓은

물이끼 그러안은 그림자를 지우고

흐릿한 칠언절구를 멀리멀리 날리는

# 용접사 일기

사람의 생각들이 묻혀있는 밤을 위해
오늘은 신이 나서 두 눈을 크게 뜨고
죽음과 삶의 화엄경
환하게 매만진다

훈련소 신참병의 마음 졸인 그날처럼
하나둘 선택되어 떠나가는 봄빛처럼
희미한 기억을 떠올려
음표로 말을 한다

쇳물의 행간 속에 잦아든 시간을 보며
다정했던 과거가 잊혀지지 않도록
아린 뼈 일으켜 세워
온기 불어넣는다

## 대설주의보

입춘이 지났는데 휘몰아친 된바람에

우포늪의 철새는 그 무엇을 더듬었나

오소소, 돋아난 아침이

얼음 속에 갇힌다

이제나저제나 기다린 봄 오지 않아

그대에게 가는 길 새하얗게 사라지고

내 안에 나를 감춘다

급히 숨 몰아쉰다

6부

구름의 회고록

휘어진 길목에서 외다리 보법을 한 채
쇠기러기 형상으로 먼 하늘 바라본다

## 바람의 오르가슴

벗겼다가 입혔다가
종잡을 수 없는 변덕

혀짧은 비명소리
제멋대로 쏟아낼 때

안마당 홍매화들은
활짝핀 몸을 접고

# 통영

점점이 놓인 섬 당겼다가 놓아주며
시 한 수 구하려고 아무리 바라봐도
하얗게 물밀어 오는 해조음에 귀먹어

해마다 피는 꽃을* 물들이듯 암송하고
청마의 깃발까지 꼼꼼히 훑었지만
허기진 나의 사랑은 초장부터 허기져

죽어서 다시 사는 활어들 몸짓 같이
어시장 비릿함에 온몸이 뭉글해져
방파제 붉은 저녁을 받아들인 한 남자

* 초정의 '봉선화' 구절

# 무주에서

산굽이 에돌아서 푸른 세상 엮어가던

초여름 풀꽃들이 잠시 한눈판 사이

온다는 소식도 없이 급히 온 장맛비여

먼 길 그 끄트머리 물고 온 먹구름에

맹꽁이 덤성덤성 울고 있는 들판 지나

구천동 산속에 앉아 빗소리를 깨무는

# 폐사지

남겨진 주춧돌이 그 옛날 회상하듯
스쳐가는 바람 안고 조릿대 경을 왼다

기왓장 연꽃 문양에
칡넝쿨이 올라앉고

물 맑은 옹달샘은 언제부터 솟았는지
개구리 몇 마리가 멋대로 해찰할 때

햇살이 흰 구름 휘감아
멀리서 반짝인다

이끼 낀 절벽에 숨어 사는 적막강산
무슨 색 풍경으로 바라볼 수 있을까

외로운 고라니 그림자
그 속에 뛰어든다

# 수원화성

무엇이 그들에게 패륜을 부추겼나
먹잠 같은 당대를 짚어내지 못했다면
그 누가 역사의 행간을
읽을 수 있었으리

목민의 이름으로 탕평을 원했지만
사무친 마른 꿈은 구름으로 흐르고
주춧돌 푸른 이끼는
아득한 길이 되고

사초에 힘이 부친 사관의 붓끝처럼
당쟁으로 얼룩진 그때 다시 떠올라
낙남헌 구름 무늬 아래
한여름이 저문다

# 낮달을 읽다
-부항댐에서

없는 듯 뚜벅이며 걸어온 이승처럼
무거운 짐 보따리 하나둘 내려놓고

수몰된 고향을 그리며
유년을 떠올린다

이정표 높게 세운 새로난 길 바라보며
속도위반 경고음을 귓전에 흘린 채로
무작정 달리고 싶은 욕망 모두 지우고

내일 또 가야 할 곳 골똘히 생각하며
물속에 주름살을 하얗게 펼쳐놓고
내 안의 내비게이션
행선지 찍어본다

# 입추

1. 오후 3시

계절의 경계선을 제멋대로 바꿔놓고
담장에 드러누운 호박순도 지친 한낮
풋잠이 물컹거린다,
애간장이 녹는다

2. 저녁 7시

풀벌레 울음소리 갈지자로 흘러와서
비탈밭에 널브러진 풀꽃 향 보듬은 채
멀리서 흘러온 구름
마당으로 들앉히고

## 무진撫鎭을 꿈꾸며


적상산 산정호수
바라보다 저문 가을

귀천하는 나뭇잎
즈려밟은 길을 안고

알면서
모른 척했던
슬픔은 더 빛나고

# 가을 레시피

고삐 풀린 황소처럼 길길이 뛰던 더위
제풀에 나자빠져 잠시 숨 돌린 사이
이제나저제나 하던
하늘 성큼 높아지고

흘러온 뭉게구름 그 무슨 몸짓인가
잘 익은 벼 이삭들 고개 숙인 풍경 앞에
이런 날 기다렸다는 듯
반짝거리는 오후

귀 따갑게 울던 매미 사라진 들판에서
몰려온 풀벌레가 합창하는 시간에
누구도 훔칠 수 없는
들녘이 익어간다

# 엄나무 소통법

어제 그 푸른 약속 산으로 날려보내고
바람의 눈빛들 숨겨놓은 말을 펼쳐

흐르는 흰 구름 휘감아
그대를 생각한다

똬리 틀고 앉아서 갈피를 넘기면서도
들이킨 심호흡에 고요해진 마음으로

더듬어 마디를 푼다,
또 다른 내 모습이

널뛰듯 춤을 추는 야성의 눈빛 같은
야누스의 두 얼굴 온기로 닦아내고

풀었다 다시 되감은 말에

느낌표를 찍는다

## 21C, 주상절리


백 년도 살기 힘든 사람들 셈법처럼

원초적 본능으로 바벨탑을 쌓고 있다

쓰나미 휩쓸고 간 날 까맣게 잊은 듯

치솟는 분양가의 턱없는 부추김에도

끈 풀린 임대료는 하늘 높은 줄 몰라

오늘 또 우묵해졌다, 옥탑방 신혼부부

# 구름의 회고록


갱년기의 바람이 휘몰아친 그런 날은

외로운 여자들이 붉은 꽃잎 쏟아낸다

흘러와 떠도는 구름 한 장씩 뒤적거려

툭, 던진 말 한마디 비수가 되었을까

응달진 생각들이 새가 되어 날아가면

큰 강물 오지랖처럼 세상을 훔쳐본다

휘어진 길목에서 외다리 보법을 한 채

쇠기러기 형상으로 먼 하늘 바라본다

**해설**

# 김천지역 사계절의 아름다움을 노래하다

이 승 하 (시인, 중앙대 교수)

# 김천지역 사계절의 아름다움을 노래하다

이 승 하

(시인, 중앙대 교수)

경북의 서남쪽에 자리를 잡고 있는 금릉군이 김천시와 통합된 것은 1995년 1월 1일이었다. 두 지역이 통합됨으로써 면적은 넓어졌지만 현재의 인구는 14만이 채 되지 않는 소도시라고 할 수 있다. 지방의 소도시 중 하나에 지나지 않은 김천시이지만 예로부터 '문향文鄕'이라고 일컬어 온 이유가 있다. 지금도 김천에서는 해마다 청소년을 대상으로 하는 '매계 백일장'이 열리고 있는데 올해 2023년에는 제44회 시상식이 열렸다. 「만분가萬憤歌」를 지은 매계梅溪 조위(曺偉, 1454~1503)는 김천이 '문향'이라는 이름으로 불리게 하는 데 제일 큰 공을 세운 인물이다.

일제강점기 시절, 『흑조黑潮』 『무명탄無名彈』 등의 동인지를 만든 김태은은 문인이라기보다는 문단인이었기에 그의 활동 사항은 생략한다. 해방공간인 1947년에 발족한 '김천시문학구락부'는 김천이 시조의 고장이 되게 하는 데 결정적인 역할을 한다. 김도오·김상갑·배병창·여석기·임성길·정완영 등의 동인이 뜻을 모아 동인지 『오동』을 2집까지 만들었는데 한국전쟁이 일어난다. 이후 '김천문화의 집'에서 내는 기관지 『소문화小文化』가 구심점이 되어 명맥을 유지해 오던 김천의 문학은 정완영(1919~2016)의 정식 등단으로 꽃을 활짝 피우게 된다. 정완영은 1960년 <국제신보> 신춘문예에 시조 「해바라기」가 당선되고, 『현대문학』을 통해 「애모」(1960), 「어제오늘」(1961), 「강」(1962)으로 추천이 완료되고, 1962년 <조선일보> 신춘문예에 「조국」이 당선되면서 등단 시부터 3관왕을 차지한다. 그는 1960~1990년대에 한국의 대표적인 시조 시인으로 자리 잡아 문공부 한국문학상, 제1회 가람문학상, 제3회 중앙일보 시조문학상, 제5회 육당문학상, 만해시문학상(1999), 제1회 이육사문학상, 제2회 이설주시문학상

등을 수상했으며, 1995년 은관문화훈장을 수훈했다.

김천이 낳은 시인으로 정선기·권숙월·정영숙·김종인·민경탁·문태준·김종태·문혜진·배정미·이태균·김대호·김연화 등이 있고, 소설가로는 김연수·김중혁이, 아동문학가로는 윤사섭을 꼽을 수 있지만 김천은 누가 뭐래도 시조의 고장이다. 정완영 시조 시인을 낳은 고장이어서 그런지 뛰어난 시조 시인을 수도 없이 배출한 곳이 바로 김천이다.

배병창·장정문·김상훈·김남환·이동현·조오현·정순량·이정환·황명륜·노중석·장병우·박기하·이익주·김석인·이교상·박화남·성국희·이석수·백주하·이병철·황삼연 등을 들 수 있는데(이들 외에도 곽길선·김덕희·김보람·김성현·문수영·박서익·박진옥·유선철·윤애라·이종욱·최광모 등이 있다), 한 고장에서 30명 이상의 시조 시인을 낳은 곳은 전국에서 김천이 유일하다. 정완영 시인의 문하생이 아닐지라도 선생의 시조집을 읽으며 습작기를 보냈을 이들은 전통시조의 품격을 지켜 내는 한편 현대시조의 감각을 겸비한 시조를 씀으로써 한국 현대시조의 맥을

튼튼히 지켜 오고 있다.

정완영 시인의 문도門徒 중 막내가 이상구이다. 8년 동안 선생 밑에서 시업을 닦으면서 일취월장하던 중 2016년 『월간문학』으로 등단한 이후 2021년 <경상일보> 신춘문예로 재등단했는데 등단 7년째인 올해 첫 시조집을 내고 싶다고 연락을 해왔다. 이상구의 작품을 읽어보기 전에 김천이란 고향에 대해 내가 무엇을 알고 있나, 생각해보았다.

김천은 '삼산이수三山二水'의 고장으로 일컬어져 왔다. '삼산이수'란 세 개의 산과 두 개의 물이라는 뜻으로 산과 물로 대표되는 자연의 아름다움을 비유한 것이다. 삼산은 황악산·금오산·대덕산이며, 이수는 감천甘川과 직지천直指川을 가리킨다. 김천金泉이라는 도시명 자체가 황금의 샘물이라는 뜻이다. 김천을 감싸고 흐르는 하천의 이름이 달 甘자 내 川자 감천이라는 것은 이 고장이 예로부터 산자수명山紫水明한 곳임을 말해주는 명칭이다. 김천에 들어와 있는 공장으로는 유한킴벌리가 있을 뿐 큰 공장이 들어서지 않은 것도 이곳의 자연을 훼손되는 것을 막아주는 역할을 하였다.

옛 금릉군 부항면(현 김천시 부항면)에서 태어난 시인은 성의중학교와 성의상업고등학교를 거쳐 대구보건대를 졸업했으며, 김천 토박이로서 김천에서 결혼하고 아이 낳고 김천을 지켜 온, 이 지역의 역사와 사람들을 다 아는 산증인이다. (시인은 내가 나온 중학교의 2년 선배가 된다.) 작품을 보니 사계절의 아름다움을 노래한 시가 유독 많다. 봄노래가 12편, 여름 노래가 13편, 가을 노래가 8편, 겨울 노래가 8편, 가을/ 겨울 노래(「고산자에게 쓰는 편지」)가 1편, 사계절 노래(「풍경을 배접하다」)가 1편, 여타 노래가 17편이다. 43편, 거의 80%의 시가 계절을 다룬 작품이므로 이 시조집이 얼마나 자연친화적인 세계를 갖고 있는지 알 수 있다.

슬몃슬몃 눈치 보며
바람이 불어왔지만

사람들 나들이가
익어가는 봄의 한낮

라일락 향기를 품고
절은 자꾸 깊어져

햇살 가득 붙안아
빛나는 대웅전처럼

푸릇한 나절가웃
하늘 속에 잠길 때

손녀딸 옹알이 같은
꽃잎 자꾸 돋아나

―「봄 편지―직지사에서」 전문

　대한민국 사람들은 김천은 몰라도 직지사는 안다. 현재 대한불교조계종 제8교구 본사인 직지사의 역사를 잠시 살펴본다. 직지사란 이름은 신라시대인 418년 아도화상이 선산에 도리사를 창건한 후 황악산 직지사 터를 손가락으로 가리키면서 절을 지으라고 해서 붙여졌다는 설과 무염대사가 머물렀던 심묘사에 부속된 절로 남종선의 가르침인 '직지인심直指人心'을 표방한 데에서 유래했다는 설이 있다. 또한 고려시대에 능여대사가 이 절을 새로 세울 때 자를 사용하지 않고 직접 자기 손으로 측량하였다고 해서 직지사라고 했다는 설도 있다. 645년 자장율사가 중창한 이래로 930년, 936년에 천묵대사와 능여대사가 각각 중창하여 큰 가람이 되었으며 조선시대에는 사명대사가 출가하여 득도한 절로도 유명하다. 아무튼 1500년이 넘는 역사를 갖고 있고 중요 문화재도 많은 절이다 보니 불자가 아니더라도 여행 삼아 찾아오는 곳이기도 하다.

화자는 직지사에 와서 봄을 실감한다. 라일락 향기가 풍겨오는데 대웅전이 햇살을 가득 붙안아 빛나고 있다. 사방을 둘러보니 "손녀딸 옹알이 같은" 꽃잎이 자꾸 돋아나고 있다. 시인은 뭇 독자에게 주는 봄 편지를 직지사 마당에서 쓰고 있다. 우포늪에 가서 봄을 만끽한 적도 있었다.

에굽은 바람의 길 나이테로 감추었나

속병 난 내 몸에도 그예 봄은 찾아와

자운영 뒤쪽에 앉아 가려운 등 긁는다

왕버들 늘어지게 둘러앉은 물가에서

실바람 끝을 물고 술렁이는 나절가웃

넓은 품 그늘막처럼 사람들 반짝인다

햇살이 풀어놓은 물빛 한참 바라보며

뻐꾹새 한 마리 길 밖으로 날려 보내

하늘의 속살을 물고 풋잠 속에 빠진다
—「봄, 우포」 전문

 이 시조는 우포늪의 풍경을 스케치했다기보다는 그곳에 간 화자의 심사를 말해주고 있다. "속병 난 내 몸에도 그예 봄은 찾아와/ 자운영 뒤쪽에 앉아 가려운 등 긁는다"로 미루어보건대 봄 풍경을 제대로 완상하지 못하고 있다. 여기 놀러 온 사람들은 자연의 넓은 품에 만들어진 그늘막에서 반짝이고 있건만 나는 "하늘의 속살을 물고 풋잠 속에 빠진다" 춘곤증인지 식곤증인지 우포늪에 와서 구경하다가 스르르 잠드는 풍경이 재미있다. 남해대교에 가서 시상에 잠긴 적도 있었다.

　　오늘 또 꿈틀대는 방랑벽 짊어지고
　　봄 오는 남해대교 좌표로 설정한 채
　　불현듯 보고 싶었다
　　비파나무 춤사위

　　해풍에 나풀대는 시금치밭 그 너머로
　　쾌속선 포말처럼 갈매기의 군무처럼
　　무작정 내달리고 싶은
　　욕망을 짓누른다

　　바다가 펼쳐놓은 햇살들의 화폭 속에
　　흘러가는 흰 구름 세필로 그려넣고

지겟길 다랭이 마을

새파랗게 붙안은

　　　　　ㅡ「시경詩境을 읽다」 전문

　시경詩境이란 시의 경지 혹은 시흥을 불러일으키거나 시정이 넘쳐흐르는 아름다운 경지를 일컫는 말이다. 봄이 막 왔을 때 남해대교로 차를 몰고 간 화자는 비파나무의 춤사위, 해풍에 나풀대는 시금치밭, 쾌속선의 포말, 갈매기의 군무, 지겟길 다랭이 마을 등을 보면서 남해 쪽의 봄 경치를 만끽한다. 이 모든 봄 경치가 시심을 불러일으키는 시의 경지라는 것이다. 중앙일보 중앙시조백일장 차상 작품인 「월곡리 청보리」는 발표 당시에 비해 많이 퇴고가 되었다. 월곡리가 전국적으로 아주 많은데, 작품 분위기로 보아서 시인의 고향 김천시 부항면 월곡리가 아닌가 한다.

흐릿하게 떠오르는 아내의 꿈결인 듯

세상의 높낮이를 가늠할 수 없는 날

서릿발 서슬에 감긴

한 생각을 지운다

숨죽인 나무처럼 가슴 깊이 움츠린 채
찬바람 그 소리로 수런수런 말 걸어온
골짜기 먹장 같은 밤
햇살에 소스라치고

숨찬 길의 행보에 쉼표를 찍어가며
비탈밭 시린 과거 온몸으로 삼켰는지
엉켰던 갈피를 풀어
한 편 시 습작한다

─「월곡리 청보리」 전문

    시골치고는 제법 큰 150여 호의 마을 한가운데로 제법 큰 냇물이 흐른다. 백범 김구 선생이 스물다섯 살 때 일본군 장교를 살해하고 옥살이하던 중 우국지사들의 도움으로 탈옥 후 한 달여 여기서 은거하였다. 쫓기는 와중에도 나라 잃은 설움을 곱씹으며 조국 독립의 꿈을 키우던 유서 깊은 동네다. 즉, 이 작품에서 '청보리'

는 민초를 상징한다. 겨울이 배경인「월곡리 세한도」에서도 일본에 나라를 빼앗긴 설움을 곱씹으며 화자 자신의 현재의 입장과 처지를 반성하는 메시지를 담고 있다. 이제 <경상일보> 신춘문예 당선작을 보자.

> 다랭이논 쟁기질로
> 거품 물던 황소처럼
>
> 고단했던 과거가
> 땀을 훔친 풍경처럼
>
> 아버지 굽은 등짝에
> 내려앉은 노을, 꽃
>
> ―「윤달 화첩」

단시조 투고작보다는 두 수 이상의 연시조가 대다수인 신춘문예 투고작 중에서 이 짧은 작품이 유자효 심사위원의 눈에 띄었다. 지금도 산촌에 가면 소가 쟁기질을 하는 곳이 더러 있는데 예전에는 모든 논밭을

소가 농부의 이랴, 이랴 부추기는 소리를 들으며 갈았다. 힘이 들어 소는 거품을 물었고, 종일 일한 아버지의 굽은 등짝에 노을이 내려앉았다. 시인은 그 모습을 '꽃'이라고 표현하였다. 시인의 윤달 화첩 안에는 자신이 어린 시절, 아버지가 소를 데리고 밭갈이하는 모습이 각인되어 있었던 것이다. 고흐의 그림 가운데 만개한 복사꽃이 있는데 그 그림이 준 강렬한 인상이 시조가 된 것이 있다.

    꿈인 양 뒤척였던 긴 밤을 몰래 접어
    햇살 부둥켜안고 내가 날 만난 오후
    날아온 참새 몇 마리가
    울음을 탈고한다

    아무리 바라봐도 안 보인 길이었지만
    늙어버린 세월이 눈꺼풀 문지를 때
    망울진 남쪽의 그리움
    터질듯이 빛나고

따뜻해진 꽃들이 불러 모은 기운으로

주름 많은 세상을 닦고 다시 문질러

흐르는 강물의 눈빛

우듬지에 들앉힌

—「고흐의 복사꽃」전문

  첫 번째 수는 자신을 다룬 것이다. 두 번째 수는 고흐의 그림을 보는 감상자의 시각이다. 세 번째 수는 그림에 빨려 들어가 그림의 일부가 된 화자의 마음 상태이다. 이런 색다른 시조도 있지만 겨울의 끝자락, 춘삼월의 매화를 다룬 작품이 이상구 시인의 특성을 잘 나타내 준 것이 아닐까. 특히 끝 행이 서술형 종결어미가 아니고 "토하는"인데, 이런 식의 끝 처리가 많다.

주체 못 할 그리움 앙가슴에 숨긴 채

춘삼월 햇살처럼 담장 밖을 기웃거린

터질 듯 망울진 여자 귓밥을 매만진다

묵정밭 쑥부쟁이 덩달아 촉 틔울 때

할 테면 해보자고 기싸움하는 건지

바람은 아랑곳없이 눈보라 불러온다

오는 봄 그러안은 둘레길 풍경처럼

지그재그 걸어와 눈을 닦은 시간에

어두운 세상을 지워 헛기침을 토하는
—「매화 사설」 전문

  이른 봄, 추위를 무릅쓰고 꽃을 피우기 때문에 매화는 인고忍苦를 상징하는 꽃이다. "터질 듯 망울진 여자"는 매화인가 여자인가. 여자의 귓밥을 매만진다고 했으므로 화자는 여자의 귓밥 만지는 취미가 있는 것인가? 춘삼월이면 바람은 여전히 차고 눈보라까지 몰아치기도 한다. 이런 때 꽃을 피웠으니 매화는 어찌 보면이 세상에서 가장 강인한 꽃이다. "주체 못 할 그리움 앙가슴에 숨긴 채"와 "어두운 세상을 지워 헛기침을 토하는"과는 짝을 이루는데, 매화의 개화도 인간의 사랑도 난관을 겪어야지만 가능하다는 주제가 이 시조에는 숨어 있다.

여름을 다룬 시조 중에는 시인의 나이를 의심케 하는, 상당히 뜨거운 남녀상열지사가 있다.

>  불륜은 안 된다고
> 끝도 없이 되뇌었지만
>
> 건너서는 안 될 선
> 넘어버린 한여름 밤
>
> 바로 옆 횡단보도가
> 수컷처럼 울컥한다
>
> ―「사거리 신호등」 전문

> 팔월 땡볕 속에서

무성해진 호박 넝쿨

먼 하늘 더듬는다
전봇대 끌어안고

만 볼트
오르가슴에
감전이 되고 싶어

―「쉰,―욕망을 채록하다」 전문

    이성에 대한 연정을 다룬 시조가 아니라 생명체의 생명력을 다룬 여름의 시조로 본다. 신호등은 사람이나 차량이 지켜야 할 선의 끝에 있다. 선을 넘어서면 사고가 난다. 그런데 사람의 몸과 마음은 그것을 자꾸만 넘고 싶어한다. 특히 나이 쉰쯤 되면 욕망이 젊었을 때보다 더욱더 끓어오를 수 있다. 팔월 땡볕 속에서 무성해진 호박 넝쿨을 보라. 얼마나 생명력을 열심히 구가하고 있는가. "만 볼트/ 오르가슴에/ 감전이 되고 싶어"란 말에 고개를 끄덕일 남정네들이 꽤 많을 것이다. 해설자는 60대지만 고개를 힘차게 주억거린다.「넝쿨의 하루」「여름 별사」「달맞이꽃 보법」「하지」 같은 작품에서도 온갖 식물이 한껏 생장하는 여름철의 풍경이 잘 그려져 있다. 하지만 어머니를 등장시킨 작품에서는 여름이 비지땀을 흘리며 일해야 하는 계절임을 말해 준다.

젖은 머리 털어내는 강바람 몸짓 따라

맹꽁이 옹알이가 음 고른 시간을 안고

어머니 은비녀 같은 감자꽃 피어났다
　　　　　　　　　　　　―「여름 장바우」 가운데 수

푸른 바다 해안선
뭉게뭉게 잡아당겨

섬으로 흩어진 꿈
읽고 지운 그 사이

굽은 등 펴지 못하고

노을이 된 어머니

—「에필로그—말복」 전문

　여름이란 이와 같이 사람에게는 가혹한 노동의 시간이지만 그 결과 작물은 무럭무럭 자란다. 한편 "정암진 나루에서 가쁜 숨 몰아쉬던/ 그날 그 아픈 기억 모두 다 잊었는가/ 초여름 남강의 물결/ 파랗게 일렁인다"로 시작하는 시조가 있다. 「붉은 묘비명」은 임진왜란 때 의령의 정암진 나루에서 곽재우 장군이 대승을 거둔 역사적 사실에 기반을 두고 쓴 것이다.

　가을은 결실의 계절, 혹은 조락의 계절이다. 오곡이 무르익고 사람들은 그것을 수확한다.

9월이면 바람도 사춘기 오나 보다

살랑대는 구절초 햇살로 분칠할 때

억새도 싱긋 웃으며

제 생각을 드러내

참새떼 먼저 알고 찾아온 들녘에서

땀 훔치다 등 굽은 아버지 과거처럼

잘 익은 벼 이삭의 오후

논바닥에 잠기고


세상사 아귀다툼 물소리로 닦아낸 뒤

노을 한 짐 껴안고 귀가하는 저녁에

그 무슨 미련이 남아

길이길을 삼키는

―「가을, 다시 읽다」 전문


  72편 가운데 수작 중의 수작인 이 시조에는 반만년 농경사회, 이 땅을 지켜 온 수많은 아버지의 애환이 고스란히 담겨 있다. 시조의 소재와 주제는 낯익은 것이라 할지라도 이 작품은 우리 시조의 품격을 제대로 갖추고 있다. 특히 이상구 시인의 특기인 마지막 행들, "제 생각을 드러내", "논바닥에 잠기고", "길이길을 삼키는"을 보면 시조의 달인이라는 생각이 든다. 뻔한 이

야기를 뻔하지 않게 표현하는 것이 21세기형 시조가 아니겠는가. 경주 감포 가는 길에 있는 추령재에서 쓴 시조도 이 시조집의 대표작으로 꼽을 수 있겠고, 「은행나무 낮달」 「10월」 「농월정 자서전」 「정선」도 수작의 반열에 들 수 있지만 내 고향의 산 황악산을 노래한 시조가 있으므로 거론해 본다.

하늘을 상감한 듯 흰 구름 띄워 놓고
학익진 날개처럼 펼친 세월 붙안아

잘록한 허리선 따라
익어가는 풍경들

찬바람 풀무질에 깜짝 놀란 산기슭도
올 때가 왔노라며 가슴을 진정시켜

서둘러 물들어간다,
참옻나무 잎처럼

살찌운 풀무치가 하품하고 있는 사이

따뜻한 햇살들이 억새를 어루만지듯


몸살로 앓아누운 바위

부드럽게 달랜다

—「가을 황악산」 전문


   높이 1,111미터로 높다면 높고 낮다면 낮은 산인데 직지사와 김천시를 내려다보고 있다. 가을 단풍이 정말 아름답고 시민들의 등산로가 있는 산이기도 하다. 이 시조는 삼라만상의 조화가 주제다. 자연을 이루고 있는 모든 것들이 상부상조하는 존재임을 역설하고 있다. 인간이 고약해서 산을 허물고 철탑을 세우고 터널을 뚫고 길을 만들지만 자연의 것들은 저희들끼리 도와가면서 살고 있다. 사람도 자연과 더불어 살았던 시절에는 판소리 열두 마당을 노래하고 들으면서 살았다. 사람의 육성을 마당에서 들었다.


   앙상한 바람의 길 혼자 또 급히 닦아

감나무 잔가지에 떠오른 보름달처럼
저승길 붙들어놓고 내 사랑 보듬는다

그림자 형상으로 흔들린 마음이지만
열두 마당 서러움 앞섶에 숨긴 채로
바스락 일어섰다가 더 낮게 눕는 밤

무언극 주연 같은 저 달을 바라보며
불면이 숨어 사는 첩첩한 온몸 펼쳐
지난날 헛웃음들도 꼼꼼히 읽어보고

세상에 서성이는 비문의 바람 소리에
봄날이 올 때까지 긴 어둠 되삼켜서
남몰래 아픈 마음을 둥글게 지워낸다
—「억새꽃 무숙이 타령」 전문

이 작품은 우리 것을 예찬하는 한편 그것을 어떻게 계승해야 하느냐 하는 문제를 다루고 있다. 즉, 시조의 존립과 발전과 무관하지 않은 주제를 다루고 있다. 우리에게는 "지난날 헛웃음들도 꼼꼼히 읽어보"는 온고지신의 정신이 필요한 것이다.

겨울은 시인에게 자중의 시간이고 침잠의 시간이다. 겨울에 숲에 가보면 간간이 새소리나 들리지만 죽어 있는 것은 없다. 다 겨울을 견디고 있는 것이다. 특히 겨울은 소나무들이 정중동의 시간을 보내기에 시인은 겨울을 노래한 시에서 소나무를 등장시킨다.

> 읽고 외운 서책들 첩첩하게 쌓아놓고
> 해독하지 못한 밤 암송하는 물소리에
> 몸 붉은 소나무들이
> 둥글게 길을 만다
> ―「겨울 무흘구곡」 가운데 수

> 등 굽은 소나무에 내려앉은 뭉게구름
> 바람이 핥은 세월 쓸쓸함을 지우고
> 골짜기 앞에 앉아서 물소리를 새긴다
> ―「무흘구곡 선바위」 가운데 수

하루치의 일감을 뉘엿뉘엿 해치우고
정월 초승 햇살들 조붓이 쏟아낸 뒤
갓바위 어깻죽지를 내려 앉힌 소나무

―「겨울 팔공산」 첫째 수

 겨울의 북풍한설이 아무리 심해도 아랑곳하지 않고 그 모습 그대로 이겨내는 소나무야말로 견인불발의 자세를 보여주는 고고한 존재가 아닐 수 없다. 물론 등도 굽고 많이 휘어져 있지만 소나무는 뿌리째 뽑히는 나무들과 다르고 큰 눈이 왔을 때 가지가 뚝뚝 부러지는 나무들과 다르다. 겨울 노래 가운데 김천을 다룬 시가 있다.

 1. 황악산에서

 거친 세상 숨소리 무엇으로 닦아내나 외로운 까치발로 눈 맞는 나무처럼 나는 또 겨울산에 올라 새를 날려 보낸다

어쩔 수 없는 마음 바위에 내려놓고 먹먹한 길의 행간 꼼꼼히 들춰보며 뼈 시린 이승의 하루 온몸으로 필사한다


2. 평화시장에서

떨리는 목소리로 누가 나를 불렀나? 혼자 또 어둠 속을 밤하늘에 비춰본다 집으로 돌아가기 전에 왔던 길 더듬는다


등 굽은 산 그림자 지문으로 훑어내린 굴뚝 새 한 마리가 품었던 골목 안고 다시금 몽정을 하듯 내 안에 날 숨긴다

―「두 편, 겨울」 전문


시인은 여전히 젊다. 황악산에 올라가서 몸을 정화하고 평화시장에 와서는 마음을 닦는다. 내부에서 들

끓는 온갖 욕망을 다스리려 황악산에 오른 이유, 내 모를 리 없다. 집이 있는 저잣거리에 내려와서도 나 자신을 죽이는 참선을 계속하려고 한다. 쉽지는 않겠지만 불가능하지도 않을 것이다. 이제 사계절을 노래한 작품 외의 것들을 살펴보자. 그중 더 특별히 눈에 띄는 것이 「다부동 일기」와 「내 사랑 DMZ」이다.

    총부리 서로 겨눈 슬픈 기억 곱씹었나
    육탈된 살과 **뼈**를 먹고 자란 풀꽃들
    뜨거운 하루를 안고
    이정표를 읽는다

    지워진 흔적들이 하나씩 떠오른 날
    검문 없는 산바람 골짜기 휘감아 돌아
    환하게 피어난 세상
    낙동강을 감싼다

    주인 잃은 군번줄 녹슨 이름 생각하며
    학도병 형상으로 서 있는 푸른 나무
    노을이 흘러가야 할 곳

선명하게 일러준다

　　　　　　　　　　　　—「다부동 일기」 전문

　다부동은 경북 칠곡군에 있는 작은 동네지만 이곳을 중심으로 1950년 8월 3일부터 29일까지 한국전쟁 중 아주 치열한 전투가 벌어졌던 곳이다. 낙동강 전선의 요충지인 다부동을 백선엽 준장 등이 이끄는 국군 제1사단과 미군 2개 연대가 큰 희생을 감수하면서 지켜냄으로써 유엔군은 추후 반격의 계기를 마련할 수 있게 된다. 전적비가 세워져 있는 다부동에 와본 시인은 "주인 잃은 군번줄 녹슨 이름 생각하며/ 학도병 형상으로 서 있는 푸른 나무"를 본다. 그 나무는 "노을이 흘러가야 할 곳"을 "선명하게 일러준다". 즉, 지금 우리가 무슨 각오를 하고 어떤 준비를 해야 하는지 알려준다. 「내 사랑 DMZ」에서도 왜 우리가 분단의 고착화를 극복하고 통일을 향해 나아가야 하는지 말해준다. 시인의 역사의식은 「대동여지도」를 만든 고산자 김정호를 그리는 시조에서도 엿볼 수 있다.

시린 저 바람 소리 무엇으로 품었나요?

온종일 서성이다 하산한 산행길을

세상에 흘려보냅니다,

나도 따라 흐릅니다
　　　　　　　—「고산자에게 쓰는 편지」 후반부

　　고산자가 수많은 국내의 산을 다 올라가 보았다는 것은 현실적으로 무리였다고 하더라도 여러 가지 난관을 극복하면서 그 엄청난 작업을 한 것은 부인할 수 없는 사실이다. 이상구 시인은 시린 저 바람 소리를 가슴으로 품은 고산자의 높은 뜻을 자신도 품고 싶어 한다. "온종일 서성이다 하산한 산행길을/ 세상에 흘려보냅니다"는 고매한 고산자의 뜻을 세상이 알아주었냐 하면 그렇지 않았다는 뜻이 담겨 있다. 공든 탑이 무너지면 허무한 것이다. 하지만 어쩌랴, 시조를 쓰는 것이 운명이 된 것을. 1980년도에 생산된 '픽업'이라는 자동차에 대한 명상에서도 시인의 허무의식과 초월의식을 동시에 느낄 수 있다. 공수래공수거, 허무하다고 탄식만 하고 있으면 어떻게 하나. "녹슨 기억들을 다시 닦아 읽어보면/ 아득한 사랑 하나가 햇살로 반짝인다"고 한다. 나이를 먹으면 먹을수록 더욱더 시조를 열심히 쓰고자 하는 의지가 뜨겁게 느껴진다.

> 혹사당한 흔적을 철갑 속에 숨겨놓은
> 수명이 다한 엔진 칠흑을 닦아내면
> 연결한 동선 하나에 숨 급히 몰아쉰다
>
> 재활을 꿈꾼 사람 설레는 그 마음같이
> 노숙하는 그리움 뜨겁게 그러안고
> 허기져 갈앉은 과거 새롭게 떠올린다
>
> 사라진 옛날의 꿈 잊을 수가 없어서
> 녹슨 기억들을 다시 닦아 읽어보면
> 아득한 사랑 하나가 햇살로 반짝인다
> ―「픽업에 대한 명상」 전문

이미 단종이 된 자동차가 픽업이다. 폐차가 되었기에 폐차장에 가면 차의 운명은 끝나지만 시인은 "재활을 꿈꾼 사람 설레는 그 마음"으로 살아갈 거라고 다짐하고 있다. 이런 다짐은 「홀아비바람꽃」에서도 「문장을 음각하다」에서도 느껴진다. "녹슨 상처 물고 있는/ 오래된 화물차"도 "그 무슨 미련이 남아", "이 저승"을 그러안고 있지 않은가. '이 이승'이 아니라 '이 저승'이라고 했다. 생과 사, 그것이 엇갈리는 그 순간까지도 시조를 쓰고 있을 사람이 김천의 이상구 시인이다.

제6부의 12편은 비교적 최근작을 모은 것이다. 이들 최근작은 시인의 솜씨가 무르익을 대로 무르익어, 가히 천의무봉의 경지를 보여준다. 인간이 자연에 완전히 동화되어 혼연일체를 이루고, 말과 생각이 일체를 이룸에 모든 경계가 사라진다.

벗겼다가 입혔다가
종잡을 수 없는 변덕

혀짧은 비명소리

제멋대로 쏟아낼 때


안마당 홍매화들은

활짝핀 몸을 접고

—「바람의 오르가슴」 전문


이런 시조는 짜임새가 완벽하다. 봄이 올 듯 말 듯한 시절, 꽃샘바람이 매울 때 피는 꽃이 홍매화다. 바람 소리가 남녀가 교접할 때 내는 "혀 짧은 비명 소리"로 묘사한 시인의 나이가 궁금해진다. 아니, 아직도?

그리고, 옥탑방에 신접살림을 꾸린 부부의 딱한 현실을 다룬 이런 작품은 시인의 현실감각이 예사롭지 않고 남다름을 예증하고 있다.


백 년도 살기 힘든 사람들 셈법처럼


원초적 본능으로 바벨탑을 쌓고 있다

쓰나미 휩쓸고 간 날 까맣게 잊은 듯

치솟는 분양가의 턱없는 부추김에도

끈 풀린 임대료는 하늘 높은 줄 몰라

오늘 또 우묵해졌다, 옥탑방 신혼부부
—「21C, 주상절리」 전문

   주상절리柱狀節理는 기둥 모양으로 생긴 암석 지형이다. 퇴적암이 갈라지거나 화산암이 급격히 식으면서 수축해 틈이 만들어지면서 형성되는데, 기둥 모양이라는 뜻의 한자 '주상'과 암석이 갈라져 생긴 틈인 '절리'가 합쳐진 말이다. 이 시조의 제목을 왜 21세기, 주상절리로 한 것일까. 지금 이 땅의 집값은 결혼율을 떨어뜨리는 요인 중 하나가 될 정도다. 치솟는 분양가와 끈 풀린 임대료로 제대로 된 집에다 신혼방을 못 꾸민 부부지만 그래도 한창때인지라 원초적 본능으로 바벨탑을 쌓으니 오늘 또 주상절리가 '우묵해졌다'고 한다. 주상절리가 우묵해졌으니 다행이라고 해야 할지 모르겠지만 딱하기 이를 데 없다. 시인은 지금 이 땅의 젊은이들에게 예전에는 다들 그렇게 가난한 두 사람이 결혼했고, 세상의 온갖 풍파를 헤치면서 집 한 칸 장만했다는 말을 해주고 싶었던 것이리라.

통영, 무주, 수원, 부항댐, 무진에 대한 답사기로 쓴 작품들에 대해서도 소감을 쓰고 싶지만 이미 78매 넘게 썼으니 해설이 너무 길어 지루함을 줄 수도 있을 것 같다. 늦깎이로 등단한 이상구 시인이 내는 첫 시조집이 이렇게 멋진 주상절리를 보여주고 있으니 감개무량하다. 해설자가 성의중학교 1학년이었을 때 3학년 학생이었던 이상구 시조 시인이 김천을 지키면서 김천의 이모저모와 세속 인심의 동향, 시속時俗의 변화를 탐색하는 동안 나는 무엇을 했는지 장탄식을 하게 된다. 앞으로 정완영 선생의 마지막 문도로서 김천의 시조시단을 굳건히 지킴은 물론 계승·발전시켜 주실 것을 부탁드리면서 해설 쓰기를 이만 마칠까 한다.

공감시선 15
윤달 화첩
ⓒ 이상구, 2023

**지은이**_ 이상구

**발행인**_ 이도훈
**편　집**_ 유수진
**교　정**_ 김미애
**펴낸곳**_ 도서출판 도훈
**초판발행**_ 2023년 10월 20일

**사무실**_ 서울시 서초구 법원로3길 19, 2층 W109호
　　　　　(서초동, 양지원빌딩)
**전　화**_ 02) 595-4621, 010-6722-4621
**팩　스**_ 050-4227-4621
**이메일**_ flyhun9@naver.com
**홈페이지**_ www.dohun.kr

ISBN_ 979-11-92346-60-1  03810
정가_ 12,000원